알파벳 쓰기

ABC 워크북

지식서관

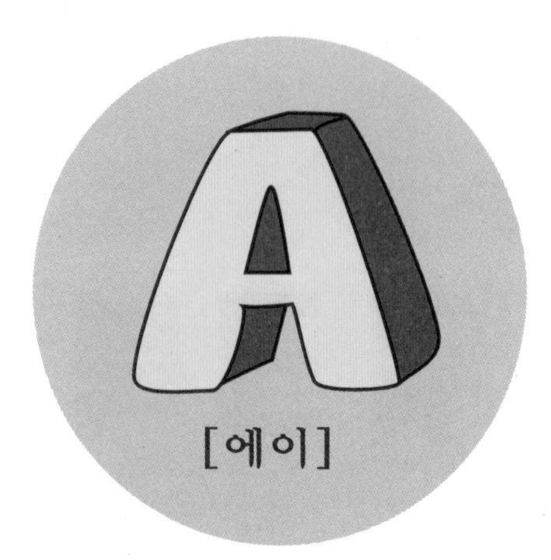

에인절
Angel
천사

에어플레인
Airplane
비행기

애플
Apple
사과

Mm

[em 엠]

밀크
milk
우유

Nn

[en 엔]

노우트북
notebook
공책

Oo

[ou 오우]

아울
owl
부엉이

Pp

[piː 피]

펜슬
pencil
연필

Qq

[kjuː 큐]

퀸
queen
여왕

Rr

[ɑːr 아ㄹ]

로우즈
rose
장미

Ss

[es 에스]

썬
sun
해

Tt

[tiː 티]

트럭
truck
트럭

Uu

[juː 유]

엄브렐러
umbrella
우산

Vv

[viː 비]

바이얼린
violin
바이올린

와취
watch
손목시계

Ww

[dʌ́bljuː 더블유]

Xx

[eks 엑스]

자일러포운
xylophone
실로폰

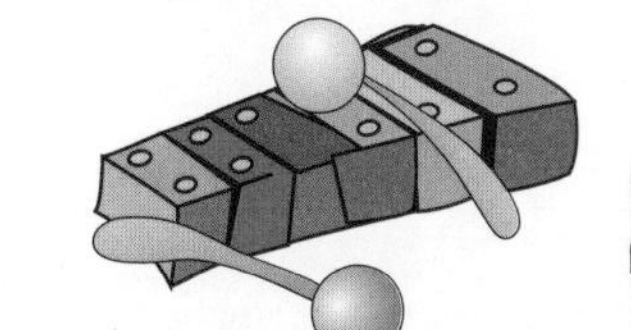

Yy

[wai 와이]

얏
yacht
요트

지브러
zebra
얼룩말

Zz

[ziː 지]

이 세상에서 가장 소중한,
사랑하는~

에게

알파벳 A를 써 보세요.

A A A A A A A A A A

a a a a a a a a a a

A

a

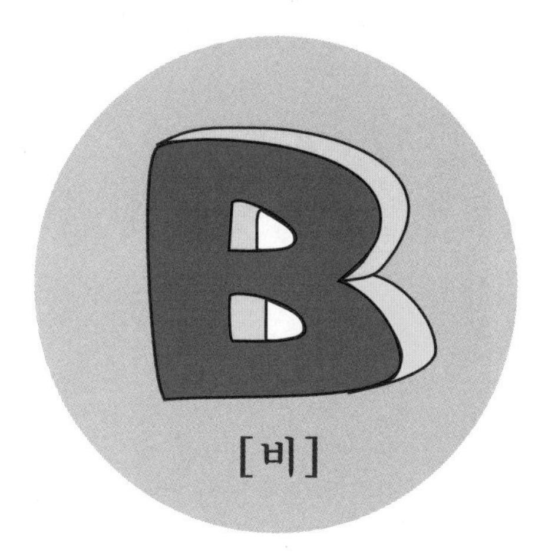

베이비
Baby
아기

버쓰데이
Birthday
생일

벌룬
Balloon
풍선

버터플라이
Butterfly
나비

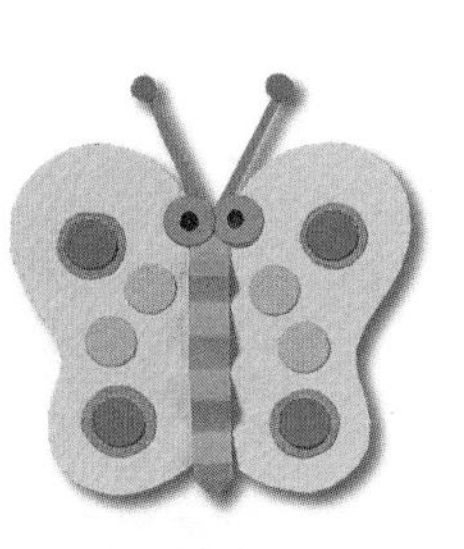

알파벳 B를 써 보세요.

B B B B B B B B B B

b b b b b b b b b b

B

b

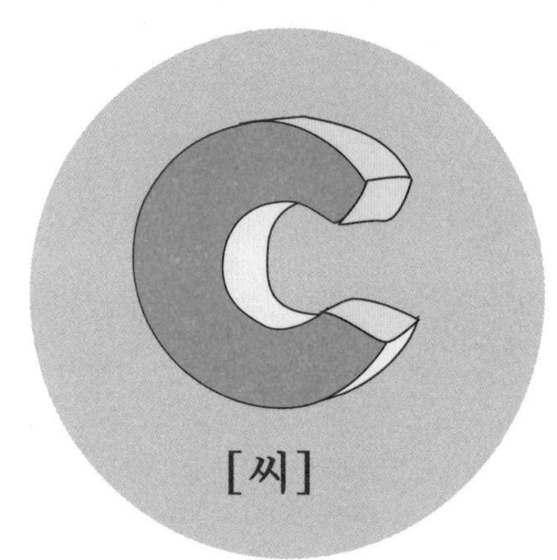

카
Car
차

캣
Cat
고양이

컴퓨터
Computer
컴퓨터

콘
Corn
옥수수

알파벳 C를 써 보세요.

C C C C C C C C C C

c c c c c c c c c c

C

c

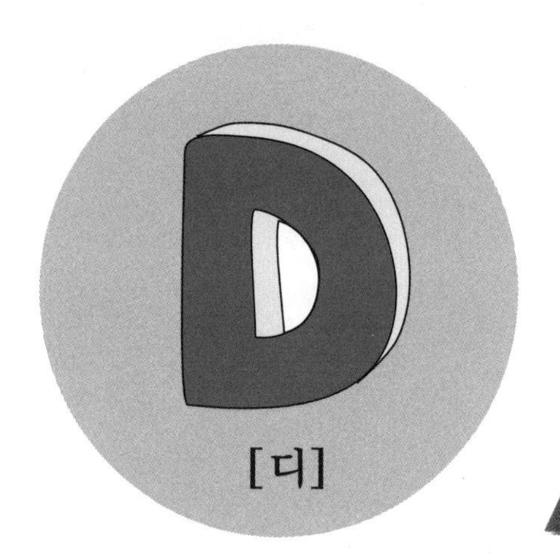

닥터
Doctor
의사

독
Dog
개

드래건플라이
Drangonfly
잠자리

드럼
Drum
드럼

알파벳 D를 써 보세요.

D D D D D D D D D D

d d d d d d d d d d

D

d

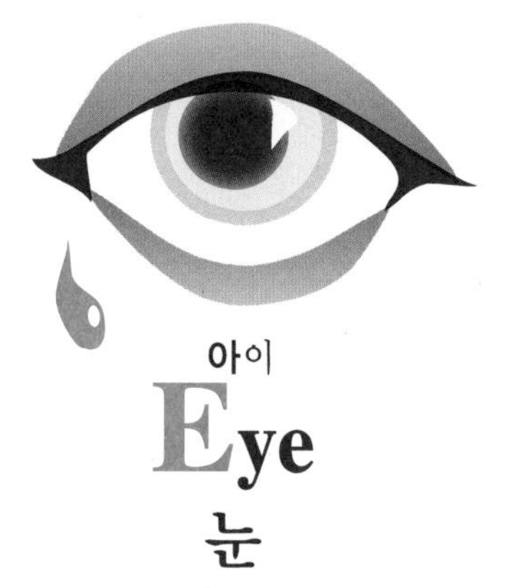

아이
Eye
눈

어얼쓰
Earth
지구

이어
Ear
귀

에그
Egg
달걀

알파벳 E를 써 보세요.

E E E E E E E E E E

e e e e e e e e e e

E

e

플라우어
Flower
꽃

프로그
Frog
개구리

패밀리
Family
가족

파더
Father
아버지

알파벳 F를 써 보세요.

F F F F F F F F F F

f f f f f f f f f f

F

f

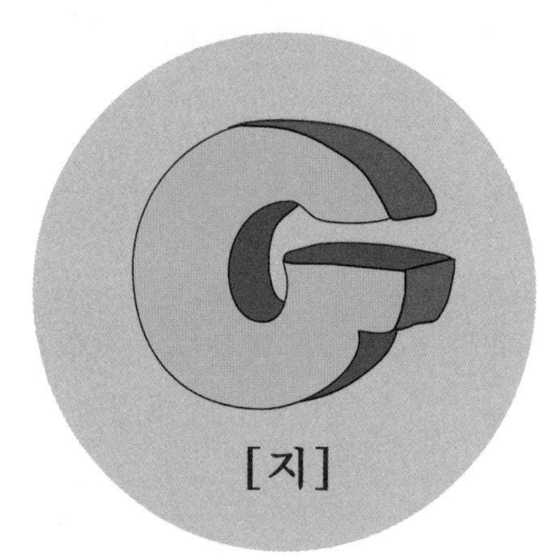

[지]

기프트
Gift
선물

그레이프
Grape
포도

그랜드머더
Grandmother
할머니

글러브
Glove
장갑

그랜드파더
Grandfather
할아버지

알파벳 G를 써 보세요.

G G G G G G G G G G

g g g g g g g g g g

G

g

하트
Heart
심장

헬리캅터
Helicopter
헬리콥터

핸드
Hand
손

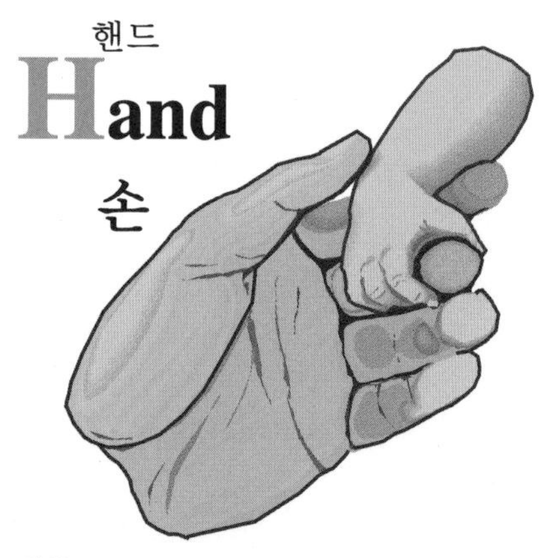

홈
Home
집

알파벳 H를 써 보세요.

H H H H H H H H H H

h h h h h h h h h h

H

h

아이스크림
Ice cream
아이스크림

아이언
Iron
다리미

아일런드
Island
섬

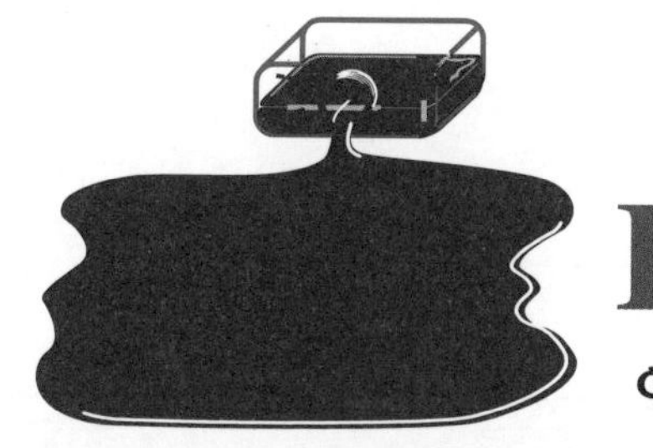

잉크
Ink
잉크

알파벳 I를 써 보세요.

I I I I I I I I I I

i i i i i i i i i i

I

i

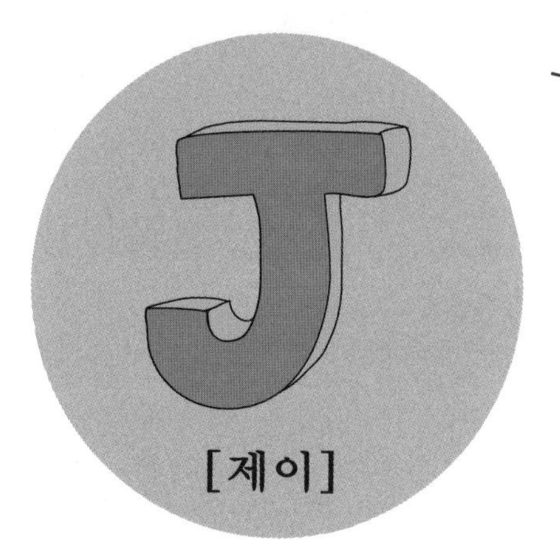

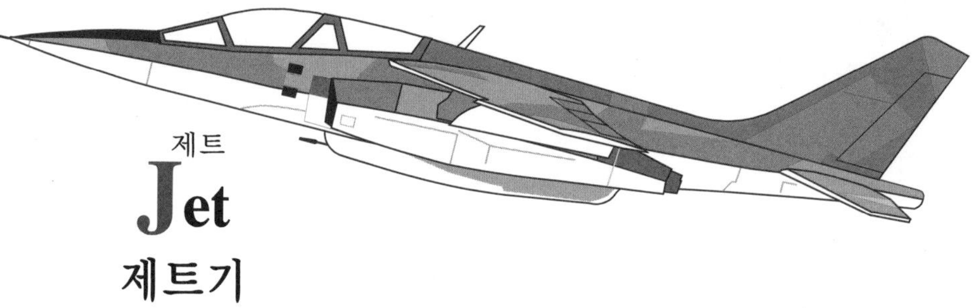

제트
Jet
제트기

점프
Jump
뛰어넘다

잼
Jam
잼

쥬스
Juice
주스

알파벳 J를 써 보세요.

J J J J J J J J J J

j j j j j j j j j j

J

j

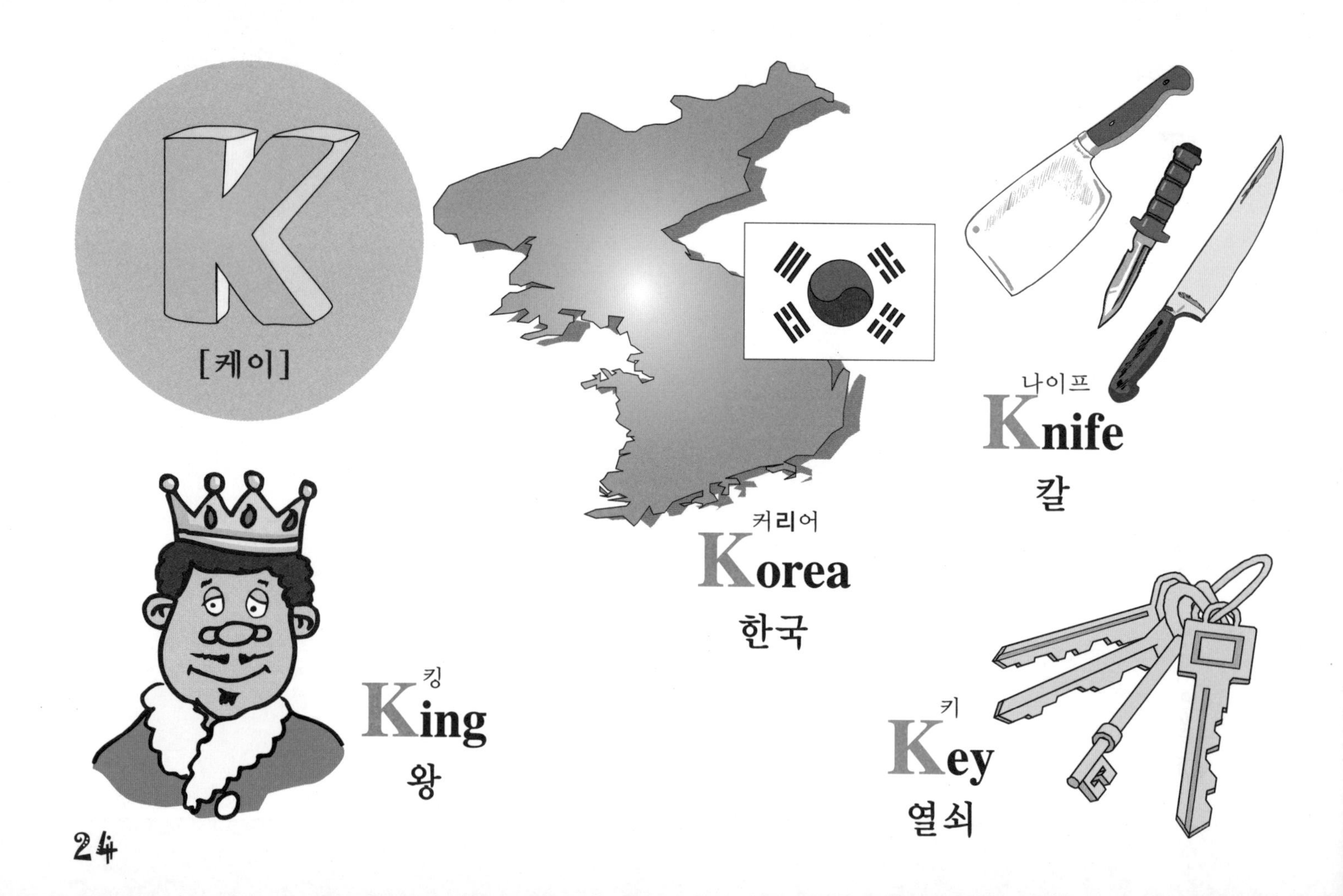
K
[케이]
나이프
Knife
칼
커리어
Korea
한국
킹
King
왕
키
Key
열쇠

알파벳 K를 써 보세요.

K K K K K K K K K K

k k k k k k k k k k

K

k

라이언
Lion
사자

리프
Leaf
잎

레먼
Lemon
레몬

레이디
Lady
숙녀

알파벳 L을 써 보세요.

L L L L L L L L L L

l l l l l l l l l l

L

l

마운튼
Mountain
산

머더
Mother
어머니

밀크
Milk
우유

멜런
Melon
멜론

알파벳 M을 써 보세요.

M M M M M M M M M M M

m m m m m m m m m m

M

m

뉴스페이퍼
Newspaper
신문

너스
Nurse
간호사

노우트북
Notebook
공책

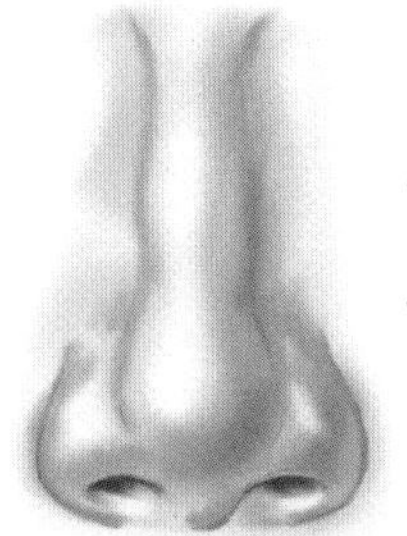

노우즈
Nose
코

알파벳 N을 써 보세요.

N N N N N N N N N N

n n n n n n n n n n

N

n

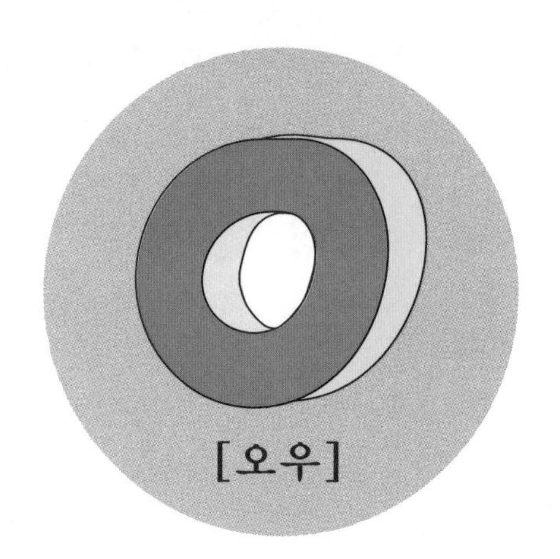

아울
Owl
부엉이

오린지
Orange
오렌지

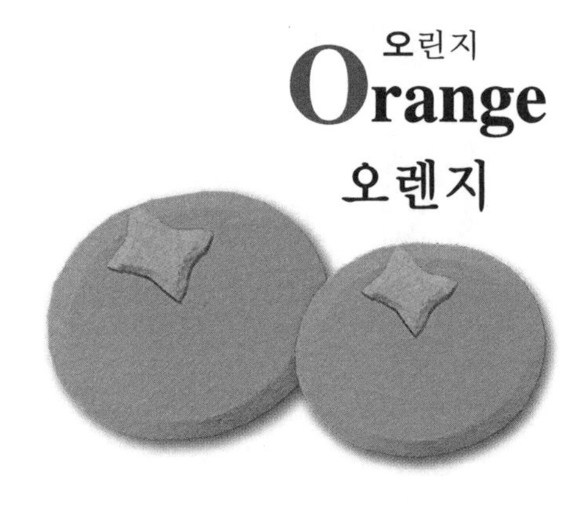

어니언
Onion
양파

오건
Organ
오르간

알파벳 O를 써 보세요.

O O O O O O O O O O

o o o o o o o o o o

O

o

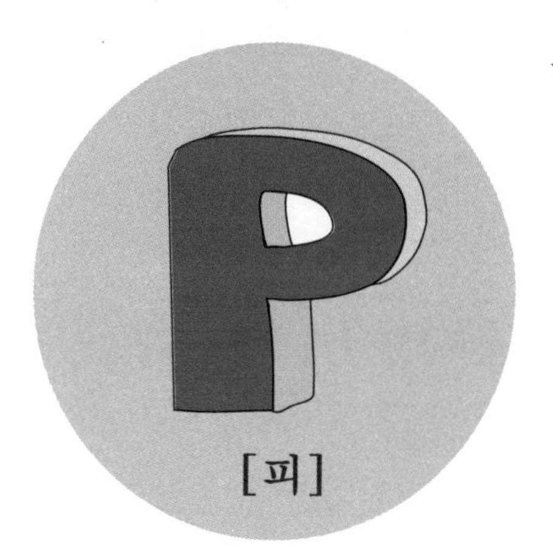

펜슬
Pencil
연필

펄리스 카
Police car
경찰차

페어
Pear
배

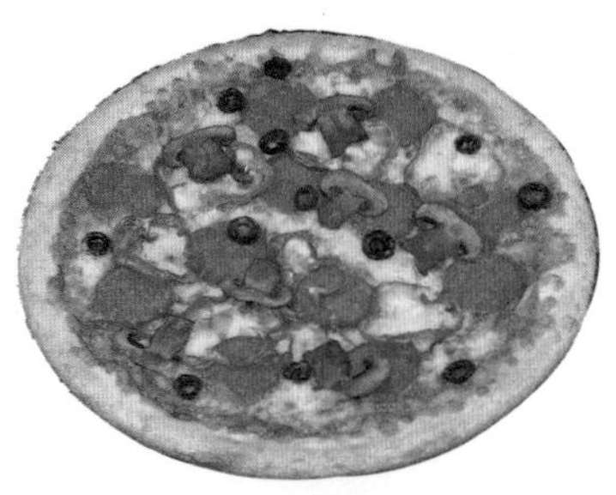

피처
Pizza
피자

파인애플
Pineapple
파인애플

알파벳 P를 써 보세요.

P P P P P P P P P P

p p p p p p p p p p

P

p

퀘스천 마크
Question mark
의문 부호

알파벳 Q를 써 보세요.

Q Q Q Q Q Q Q Q Q Q

q q q q q q q q q q

Q

q

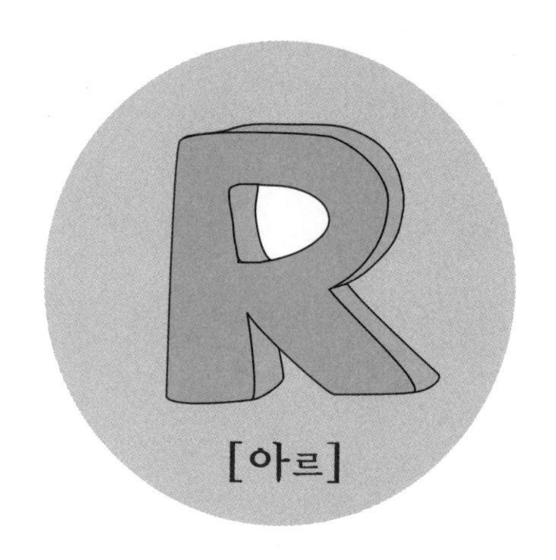

레인보우
Rainbow
무지개

래디쉬
Radish
무

레이디오우
Radio
라디오

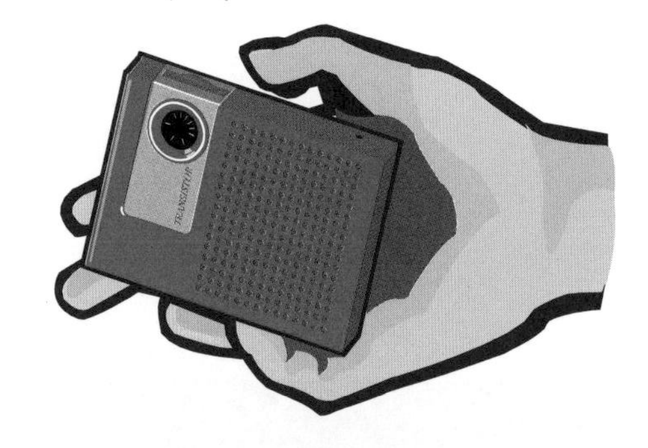

로우즈
Rose
장미

알파벳 R를 써 보세요.

R R R R R R R R R R

r r r r r r r r r r

R

r

스패로우
Sparrow
참새

썬
Sun
해, 태양

스쿼럴
Squirrel
다람쥐

스트로베리
Strawberry
딸기

알파벳 S를 써 보세요.

S S S S S S S S S S

s s s s s s s s s s

S

s

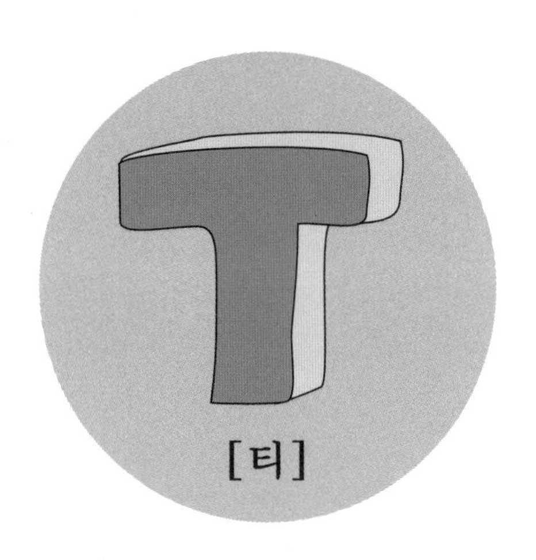

트레인
Train
기차

텔러포운
Telephone
전화

티춰
Teacher
선생님

택시
Taxi
택시

알파벳 T를 써 보세요.

T T T T T T T T T T

t t t t t t t t t t

T

t

엄브렐러
Umbrella
우산

유니콘
Unicorn
일각수

엉클
Uncle
아저씨

유우에프오우
U. F. O.
유에프오,
비행 접시

알파벳 U를 써 보세요.

U U U U U U U U U U

u u u u u u u u u u

U

u

바이얼린
Violin
바이올린

베이스
Vase
꽃병

비디오우 캐머러
Video camra
비디오 카메라

베지터블
Vagetable
야채

알파벳 V를 써 보세요.

워터멜런
Watermelon
수박

윈도우
Window
창문

위취
Witch
마녀

윈터
Winter
겨울

알파벳 W를 써 보세요.

W W W W W W W W W W

w w w w w w w w w w

W

w

자일러폰
Xylophone
실로폰

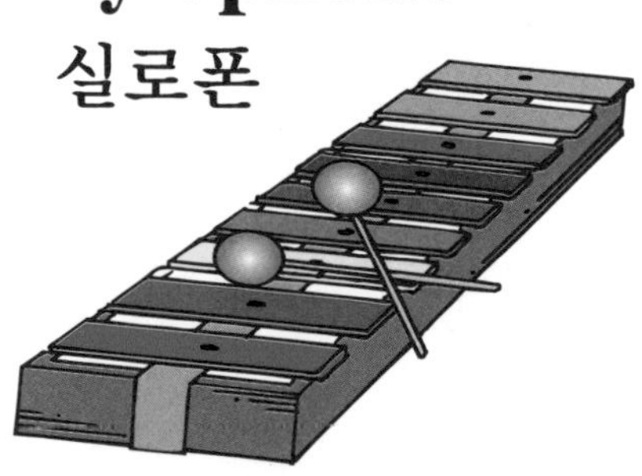

크리스머스
X-mas
크리스마스

크리스머스 트리
X-mas tree
크리스마스 트리

알파벳 X를 써 보세요.

요
Yawn
하품

요요
Yo-yo
요요

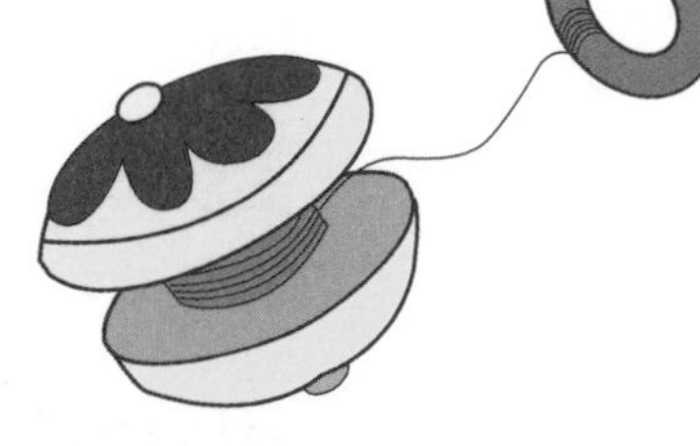

야트
Yacht
요트

옐로우
Yellow
노랑

알파벳 Y를 써 보세요.

y y y y y y y y y y

y y y y y y y y y y

y

y

Z
[지]
ZOO
주-
Zoo
동물원
지퍼
Zipper
지퍼
지브러
Zebra
얼룩말

알파벳 Z를 써 보세요.

Z Z Z Z Z Z Z Z Z Z

z z z z z z z z z z

Z

z

알파벳 대문자를 써 보세요.

A B C D E

F G H I J

K L M

알파벳 대문자를 써 보세요.

N O P Q R

S T U V W

X Y Z

알파벳 소문자를 써 보세요.

a b c d e

f g h i j

k l m

알파벳 소문자를 써 보세요.

n o p q r

s t u v w

x y z

알파벳 A와 B를 써 보세요.

A A A A

a a a a

B B B B

b b b b

알파벳 C와 D를 써 보세요.

C C C C

c c c c

D D D D

d d d d

알파벳 E와 F를 써 보세요.

E E E E

e e e e

F F F F

f f f f

알파벳 G와 H를 써 보세요.

G G G G

g g g g

H H H H

h h h h

알파벳 I와 J를 써 보세요.

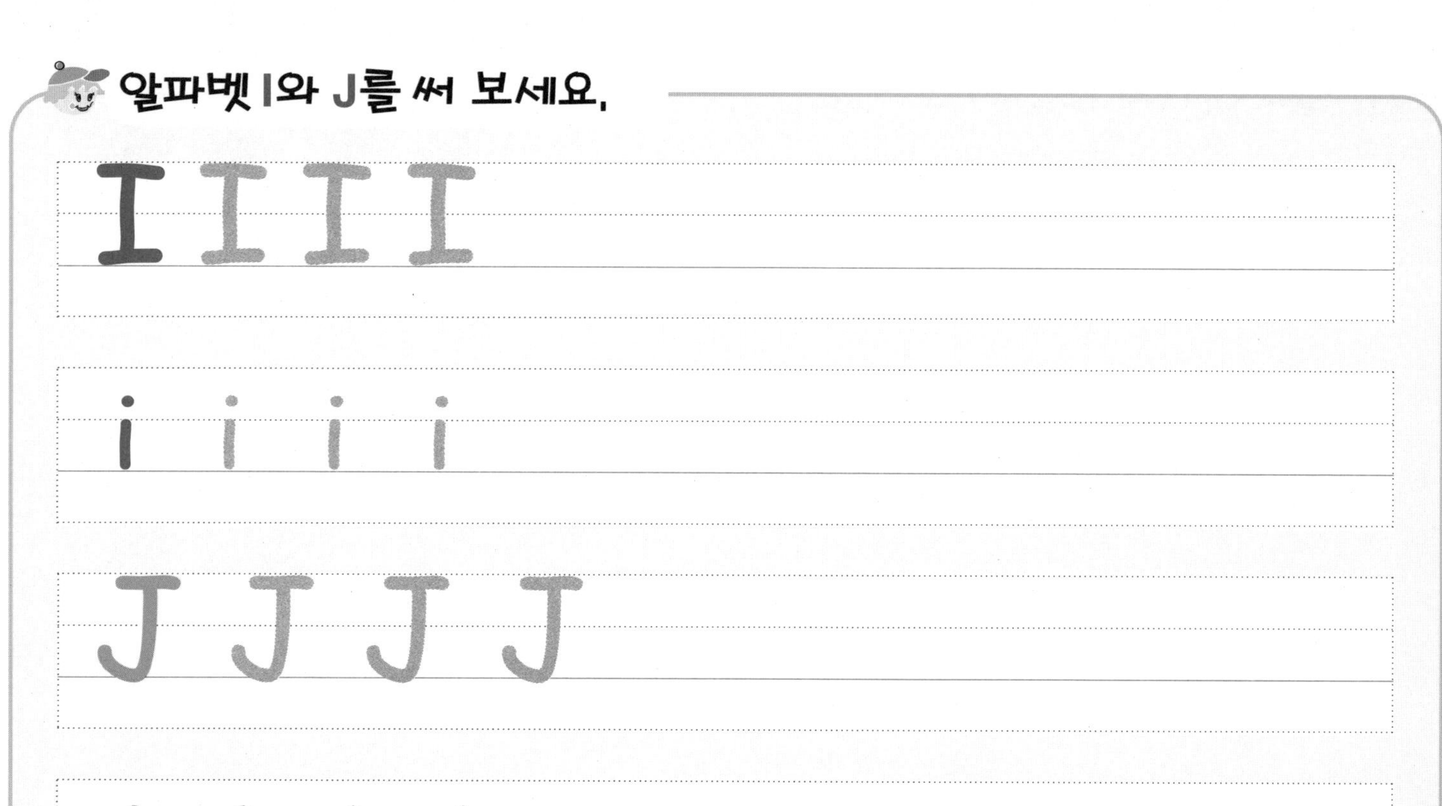

알파벳 K와 L을 써 보세요.

알파벳 M과 N을 써 보세요.

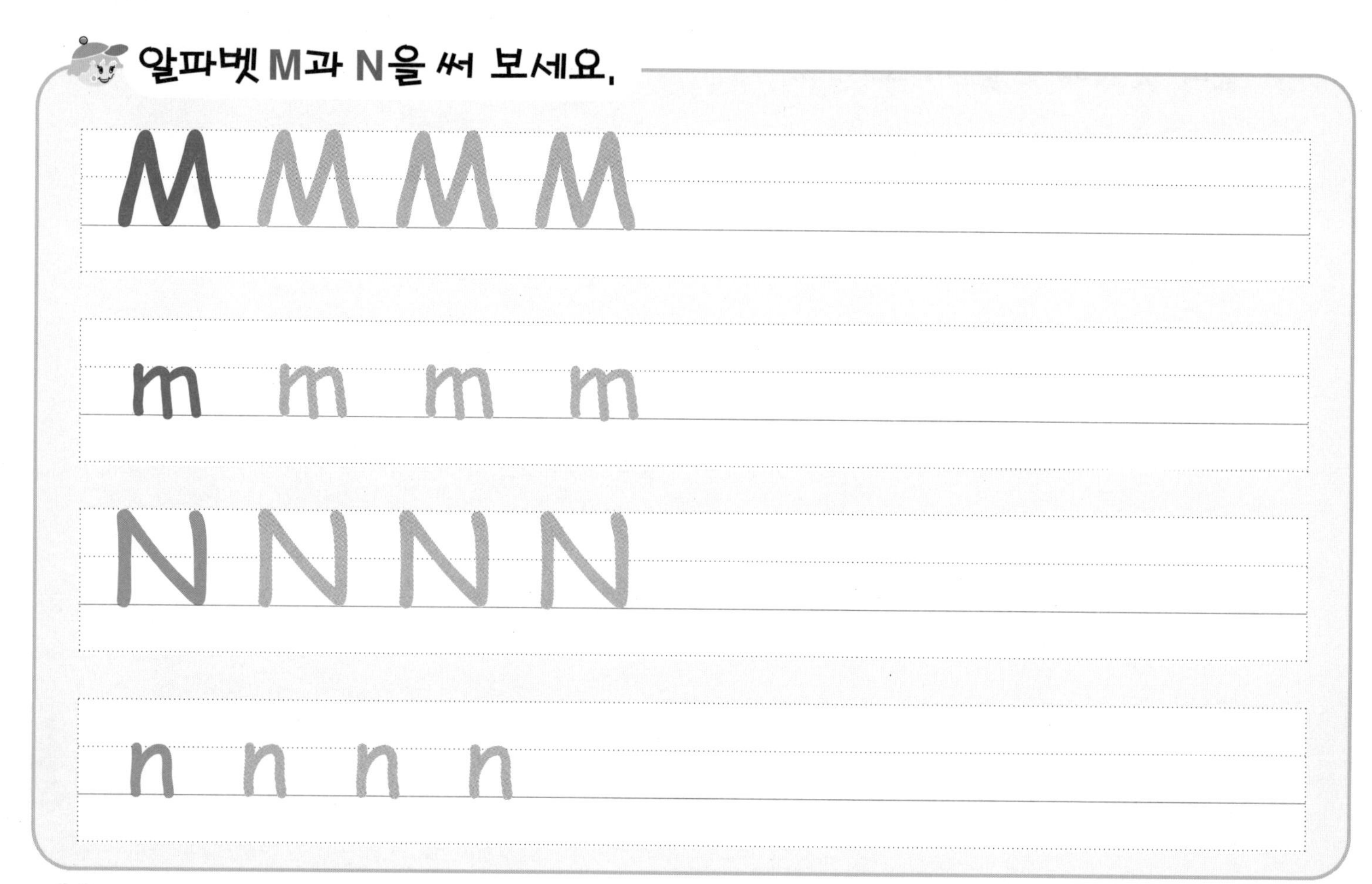

O O O O

o o o o

P P P P

p p p p

알파벳 Q와 R를 써 보세요.

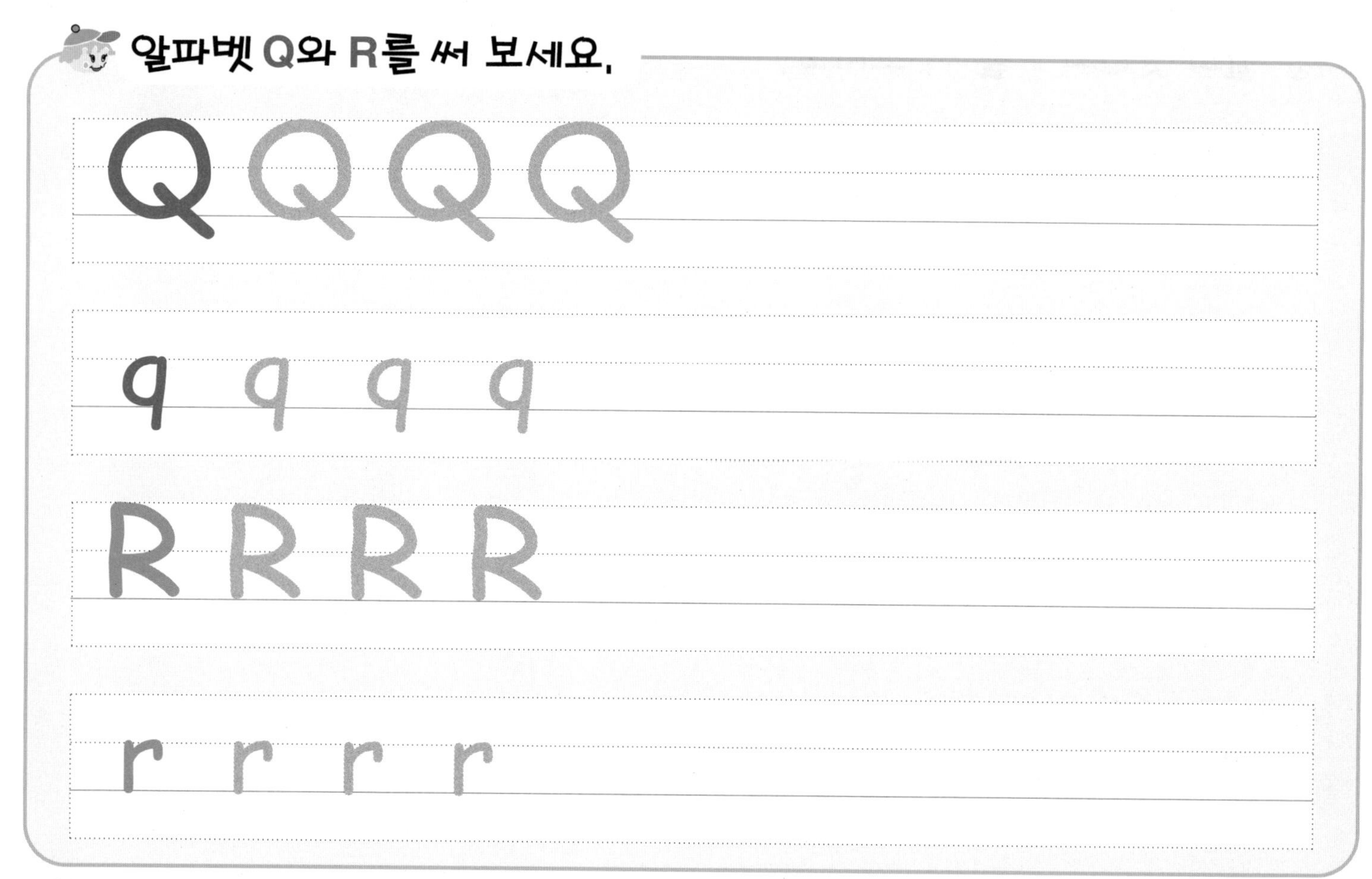

알파벳 S와 T를 써 보세요.

S S S S

s s s s

T T T T

t t t t

알파벳 U와 V를 써 보세요.

알파벳 W와 X를 써 보세요.

알파벳 Y와 Z를 써 보세요.

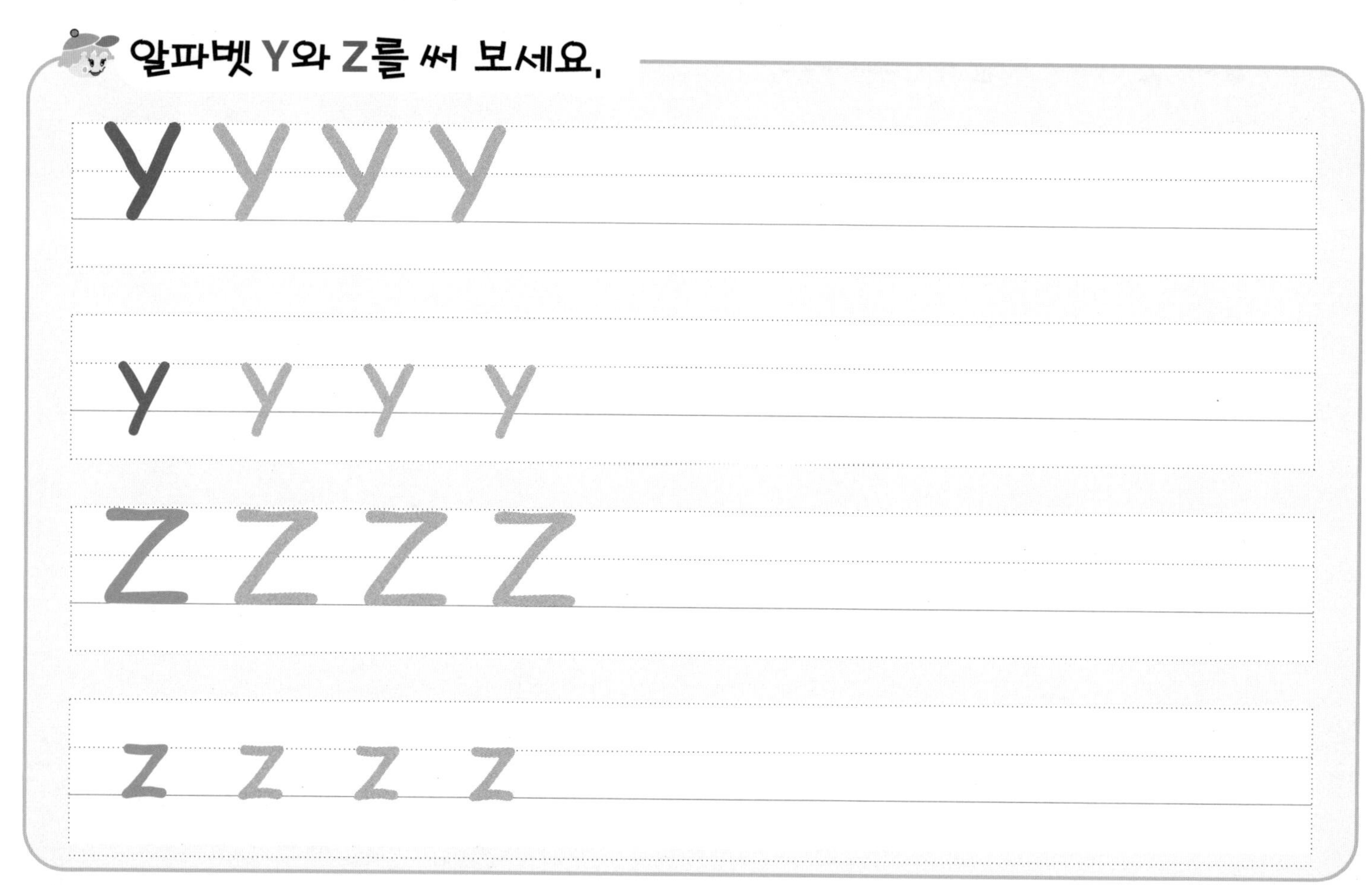

알파벳 대문자의 A부터 Z까지 빠진 글자를 써 넣으세요.

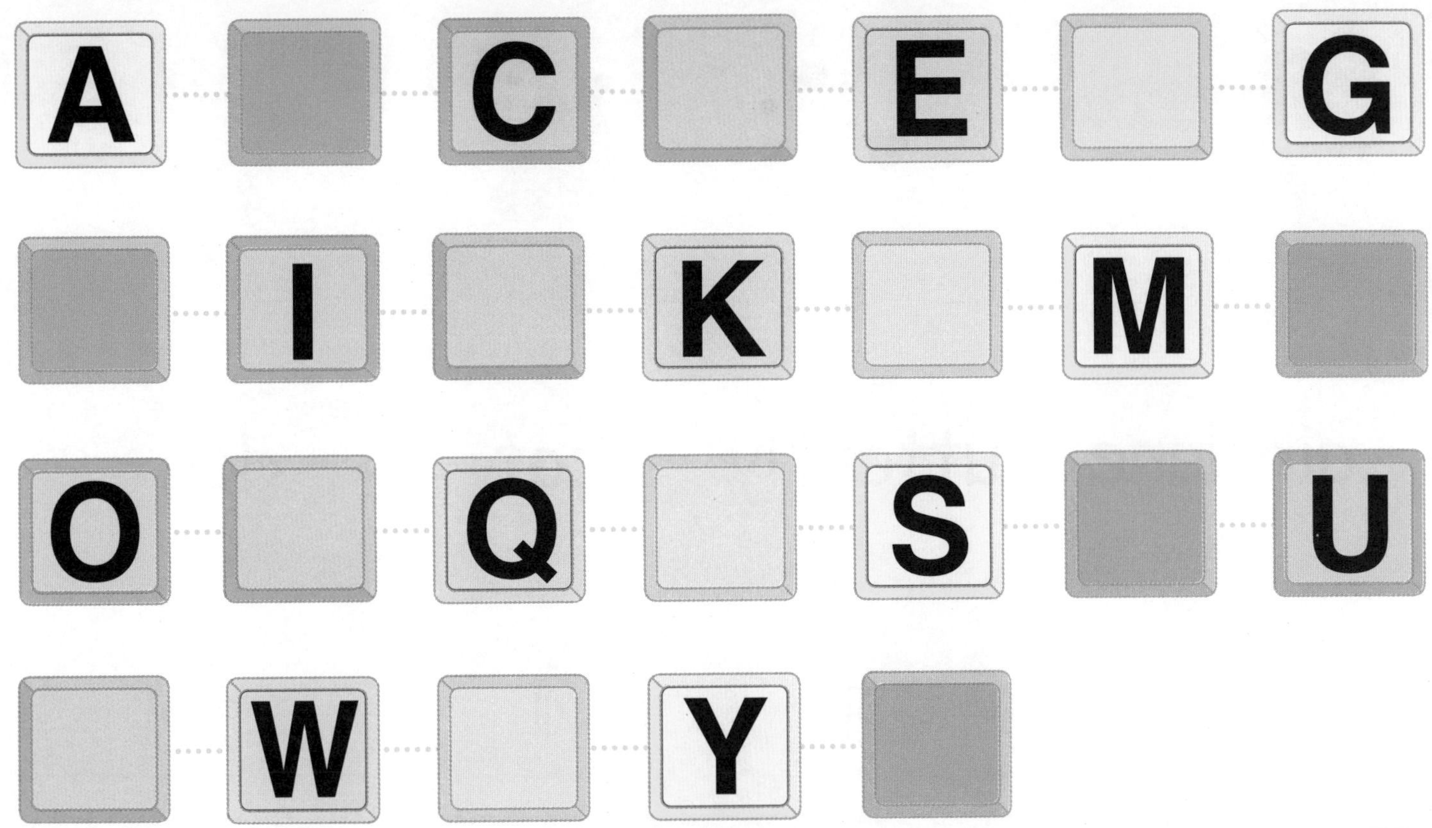

맞는 것끼리 선으로 이으세요.

airplane	butterfly	cat	dog
비행기	나비	개	고양이

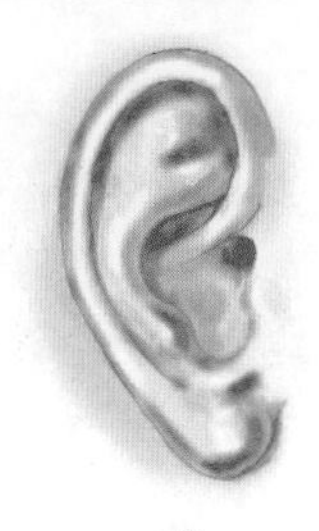

ear   father   grape   house

귀   포도   집   아버지

iron　juice　key　lion

주스　다리미　사자　열쇠

맞는 것끼리 선으로 이으세요.

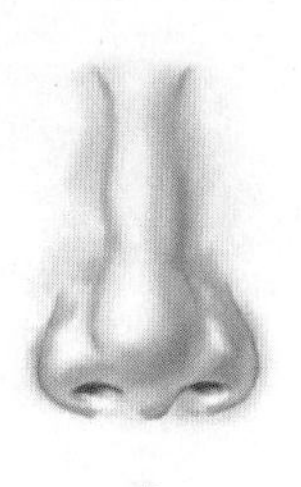

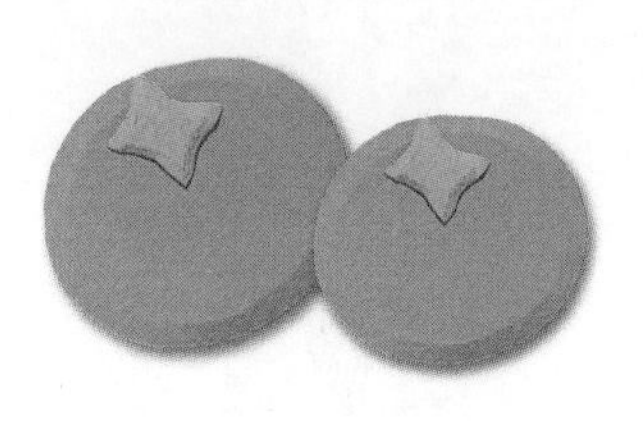

mother　　nose　　orange　　pencil

코　　어머니　　연필　　오렌지

맞는 것끼리 선으로 이으세요.

rainbow　sun　train　umbrella

해　무지개　기차　우산

맞는 것끼리 선으로 이으세요.

violin　　window　　yacht　　zebra

바이올린　　요트　　창문　　얼룩말

알파벳 소문자의 a부터 z까지 빠진 글자를 써 넣으세요.

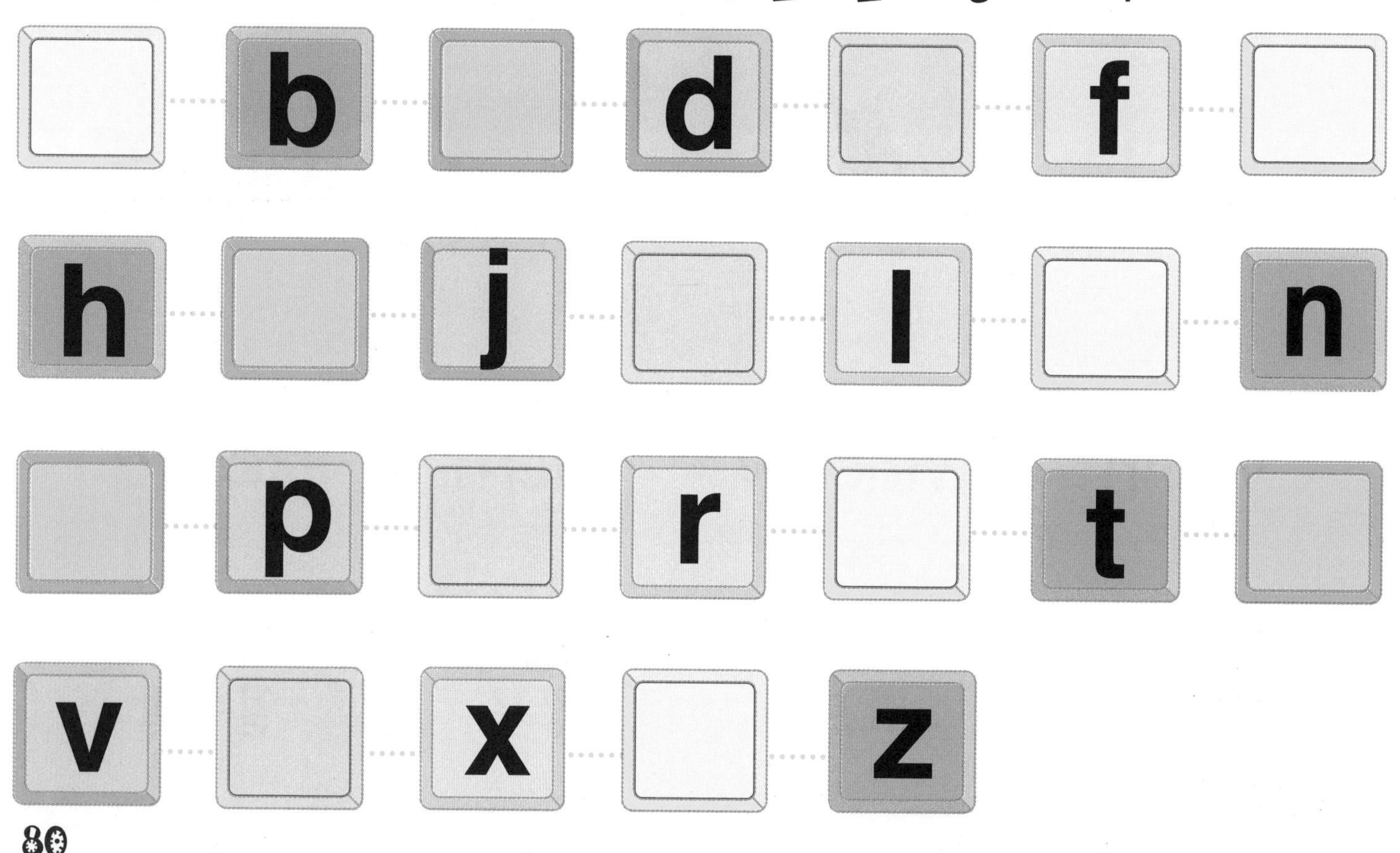

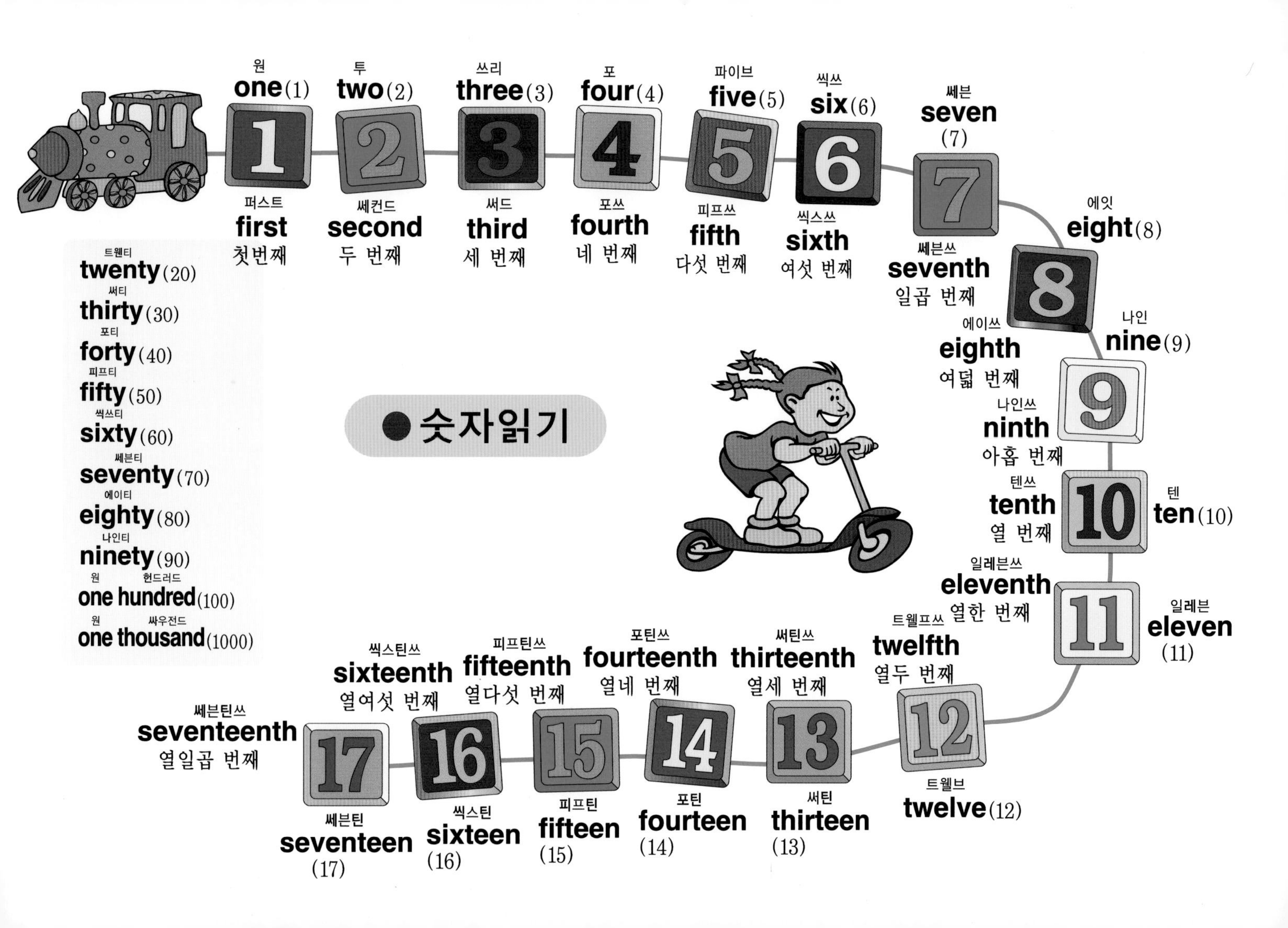
●숫자읽기
원
one(1)
퍼스트
first
첫번째
투
two(2)
쎄컨드
second
두 번째
쓰리
three(3)
써드
third
세 번째
포
four(4)
포쓰
fourth
네 번째
파이브
five(5)
피프쓰
fifth
다섯 번째
씩쓰
six(6)
씩스쓰
sixth
여섯 번째
쎄븐
seven
(7)
쎄븐쓰
seventh
일곱 번째
에잇
eight(8)
에이쓰
eighth
여덟 번째
나인
nine(9)
나인쓰
ninth
아홉 번째
텐
ten(10)
텐쓰
tenth
열 번째
일레븐
eleven
(11)
일레븐쓰
eleventh
열한 번째
트웰브
twelve(12)
트웰프쓰
twelfth
열두 번째
써틴
thirteen
(13)
써틴쓰
thirteenth
열세 번째
포틴
fourteen
(14)
포틴쓰
fourteenth
열네 번째
피프틴
fifteen
(15)
피프틴쓰
fifteenth
열다섯 번째
씩스틴
sixteen
(16)
씩스틴쓰
sixteenth
열여섯 번째
쎄븐틴
seventeen
(17)
쎄븐틴쓰
seventeenth
열일곱 번째
트웬티
twenty(20)
써티
thirty(30)
포티
forty(40)
피프티
fifty(50)
씩쓰티
sixty(60)
쎄븐티
seventy(70)
에이티
eighty(80)
나인티
ninety(90)
원 헌드러드
one hundred(100)
원 싸우전드
one thousand(1000)

영어의 세계! 영어 알파벳 26자를 예쁘게 써 보세요!

알파벳쓰기
ABC 워크북 STEP ❶

펴낸이/이홍식
발행처/도서출판 지식서관
등록/1990.11.21 제96호
경기도 고양시 덕양구 벽제동 564-4
전화/031)969-9311(대)
팩시밀리/031)969-9313
e-mail / jisiksa@hanmail.net

초판 1쇄 발행일/2008년 7월 25일

9 788978 131094
ISBN 89-7813-109-3

값 6,000원